DIVERTISSEMENT POUR MONSEIGNEUR LE DUC DE BOURGOGNE.

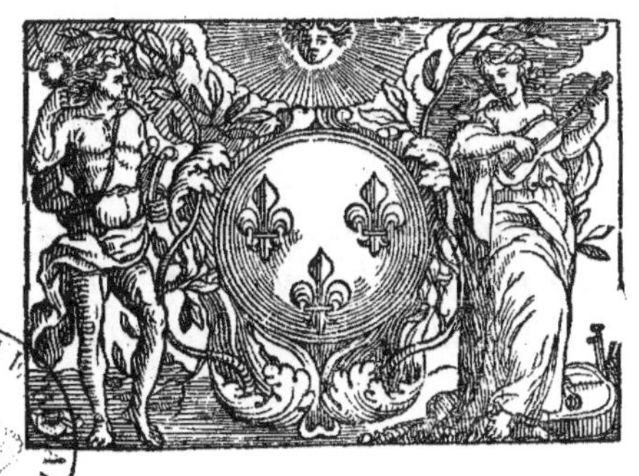

A PARIS,
CHRISTOPHE BALLARD, ſeul Imprimeur du Roy pour la Muſique, ruë S. Jean de Beauvais, au Mont Parnaſſe.

M. DC. LXXXIII.

l'un surpasse mes forces, & je sçay l'autre au dessus de mon merite. Comme je n'ay pas assez d'habileté, je n'ay garde d'hazarder le premier ; il n'appartient qu'à une plume eloquente de toucher finement cette beauté d'esprit ; cette droiture de cœur ; ces manieres engageantes ; ce bon goût ; cette Vertu heroïque, & ce merite extraordinaire qui vous attirent tant d'eloges & l'estime de toute la Cour. Pour moy, MADAME, je m'en tiens à vôtre protection, fondé sur vôtre bonté ; & d'ailleurs persuadé de vôtre zele, & de vôtre empressement dans toutes les rencontres qui peuvent donner du plaisir à cet aimable Prince dont le Roy vous a confié le Gouvernement. Cet auguste Enfant a témoigné tant de joye à m'entendre chanter quelques Airs que j'avois faits pour luy, que j'ay crû qu'un Ouvrage plus considerable le divertiroit encore plus agreablement : Voila mon unique veuë ; heureux ! si jay pû y reüssir & meriter par-là l'honneur de vostre protection, & l'avantage de me dire avec un profond respect,

MADAME,

Vostre tres-humble & tres-obeïssant serviteur,

BERNARD, de la Musique du Roy.

A MADAME LOUISE DE PRIE, MARESCHALE DE LA MOTTE, DUCHESSE DE CARDONNE, &c. GOUVERNANTE DES ENFANS DE FRANCE.

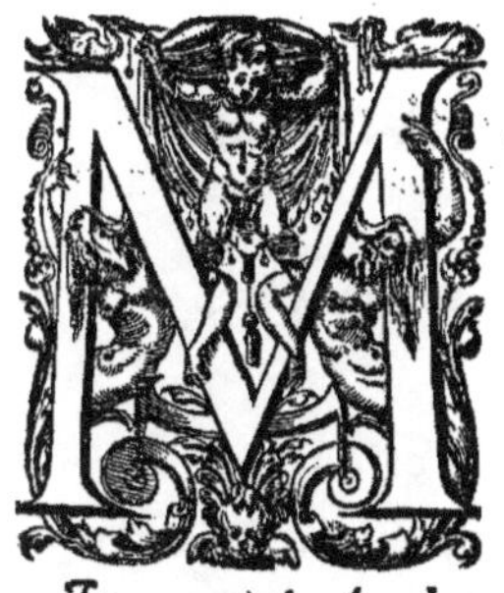

ADAME,

Je me vois également embarrassé, en vous offrant ce petit Ouvrage, à faire vôtre Eloge & à demander vostre protection. Cependant, MADAME,

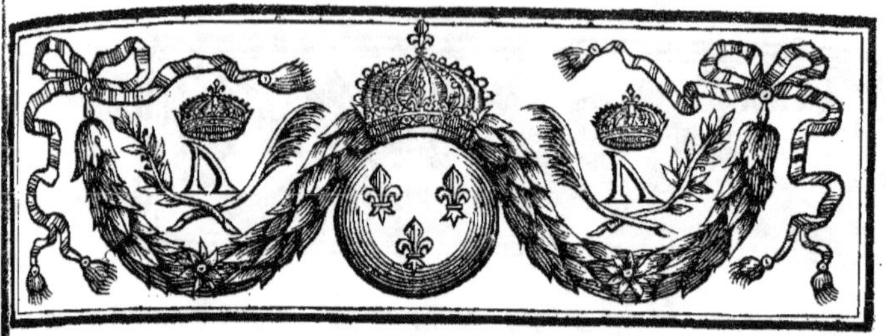

DIVERTISSEMENT
POUR MONSEIGNEUR
LE DUC DE BOURGOGNE.

LA RENOMMÉE qui publie la grandeur des Exploits du Roy, & les Magnificences de Versailles.

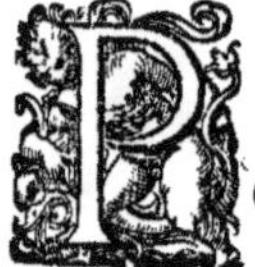

Peuples accoûtumez au bruit des grands Exploits
Qu'a fait dans l'Vnivers le plus puissant des Roys,
Dont le Nom a volé jusqu'au bout de la Terre;
Venez voir ce Grand Roy dans ce fameux Palais,
Vous l'oüistes tonner comme Dieu de la Guerre,
Vous le verrez briller comme Dieu de la Paix.

A

Quoy qu'ait dit la ſuperbe & docte antiquité
Du Palais des Ceſars qu'elle a ſi ſort vanté,
Verſailles eſt ſans égal, & le ſeul qui merite
D'attirer les regards des hommes & des Dieux;
Plus charmant que les Lieux que Jupiter habite,
Et qui peut le tenter d'abandonner les Cieux.

Deux Graces qui aplaudiſſent à la Renommée.

DAns ces beaux Lieux où l'on voit tant de charmes
Dans ces beaux Lieux
Eſt le ſéjour des Dieux,
Chacun y vit ſans chagrin, ſans alarmes,
Tout y fleurit, tout y charme les yeux.
Dans ces beaux Lieux où l'on voit tant de charmes,
Dans ces beaux Lieux
Eſt le ſéjour des Dieux,
Et ſi l'Amour y fait ſentir ſes armes,
Les Jeux, les Ris en banniſſent les larmes,
On ne voit rien de ſi délicieux.
Dans ces beaux Lieux où l'on voit tant de charmes,
Dans ces beaux Lieux
Eſt le ſéjour des Dieux.

La Nymphe de Versailles.

SEjour plein de felicité,
Beaux séjour de la Majesté,
Séjour où tout plaisir abonde,
Séjour le plus charmant du Monde,
O! cent fois trop heureux séjour
Pour qui tout l'Univers soûpire!
our où les Plaisirs, les Graces & l'Amour
Ont tous estably leur Empire.

ainte des Bergers & Bergeres de Versailles pendant l'absence du Roy.

DAns ce Lieu si charmant, ou tout le Monde sçait
Que l'on a veu souvent un Monarque adorable,
n'y remarque rien qui me paroisse aymable,
loin de ce Grand Prince, il est tout imparfait.

Les Ruisseaux malgré le silence
Grondent d'un si triste départ,
Et tous les Arbres prennent part
Au Deüil que cause son absence,
Et les plus aimables Zephirs
Se sont tous changez en soûpirs.

Nos Chalumeaux & nos Muſettes
Pendent aux Arbres de nos Bois,
Nous attendons dans nos Retraittes
Le retour du plus grand des Roys;
On n'entend plus les douces voix,
Les beaux Airs ny les Chanſonnettes.
Nos Chalumeaux & nos Muſettes
Pendent aux Arbres de nos Bois,
Nous attendons dans nos Retraittes
Le retour du plus grand des Roys.

Chœur des Bergers & Bergeres de Verſailles.

POur augmenter l'inquietude
Qui nous devore nuict & jour,
On a fait une ſolitude
De noſtre agreable ſéjour:
Que noſtre ſort eſt déplorable!
De ne voir plus dans ces beaux Lieux
Ce que la Terre trouve aimable
Et ce qu'on aime dans les Cieux.

LE DIEU PAN *qui anonce aux Bergers l'heureux retour de ſa Majeſté.*

BErgers pourquoy tant de ſoûpirs?
LOUIS dans ces beaux Lieux ramene les Plaiſirs

Dissipez vos chagrins, bannissez vos alarmes,
Vous y verez l'objet de vos desirs,
Ce fameux Vainqueur, ce Conquerant plein de charmes.

LA FRANCE *qui marque sa joye sur la Naissance de Monseigneur le Duc de Bourgogne.*

ARbitre souverain de la Paix, de la Guerre,
Grand Roy plus redouté que le Dieu du Tonnerre,
Pour combler vostre heureux Destin,
Le Ciel qui veille pour le nostre
Voulut vous donner un Dauphin,
Ce Dauphin vous en donne un autre.

Ces Princes que le Ciel vous donne,
Aprés ce que vous avez fait,
Sont plus Grands d'estre issus d'un Heros si parfait
Que d'heriter d'une Couronne.

Que si l'on voit en eux le Chef-d'œuvre des Cieux,
Et l'ornement parfait du beau Siecle où nous sommes,
C'est qu'ils sortent d'un Roy plus puissant que les Dieux,
Qui fait toute la gloire & le bonheur des hommes.
Pour combler vostre heureux Destin,
Le Ciel qui veille pour le nostre

Voulût vous donner un Dauphin ;
Ce Dauphin vous en donne un autre.

La Nymphe de Verſailles & celle de la Seine qui invitent tous les Peuples à ſe réjoüir ſur l'Auguſte Naiſſance de Monſeigneur le Duc de Bourgogne.

TOut eſt charmé de la Naiſſance
D'un Fils qui ſort du Sang des Dieux ;
Il fait renaiſtre en abondance
Les Jeux, les Ris, dans ces beaux lieux :
Chantons à l'honneur de la France,
Et qu'on entende juſques dans les Cieux :
Tout eſt charmé de la Naiſſance
D'un Fils qui ſort du Sang des Dieux.

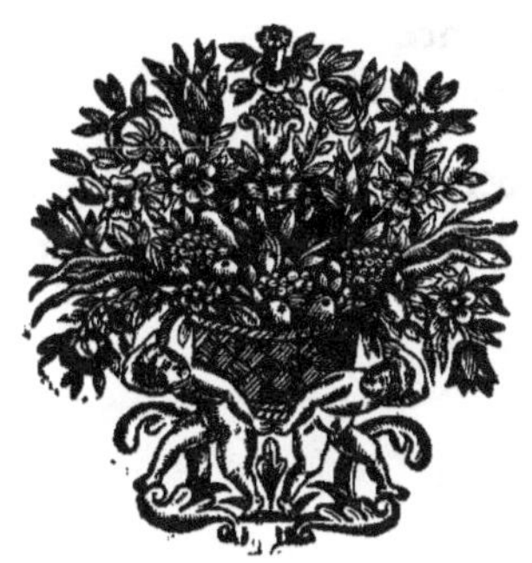

Bergers Provenceaux qui viennent marquer ur joye & divertir Monſeigneur le Duc de ourgogne, par leurs Chanſons.

PREMIERE CHANSON.

MOn Diou las bellos chamados
Qu'a ques matin an dounat
Sur doues Trompetos daurados
Au grand Prince nouveou nat
L'un faſie tararo, taran lan la faliron ton ton:
Et puis l'autre ly reſpon,
Tararo taran lan la, faliron tonton
Sias louben vengut Picho poupon.

D'vn ton de réjoüiſſence
Fan entendré lours Concers
Et publicon ſa naiſſance
Juſqu'au bout de l'vnivers,
En fazen tararo, &c.

DEUXIE'ME CHANSON.

ANnen li tous enſen
Bregado
Annen li tous danſen
Per veyre lasjacen
Ly donnaren l'aubado.

Lou Flajollé,
Turou, lurou, lurou ré
Turou ru leuretto,
Tic, & tic, tic & tic, & tac ſur la clinquete
Tan, patapan ſur lou tambour
Per aquello mairé d'amour.

Faut réjoüir l'enfan
Emé ſon Perogran *La mairé*
Aqueou Grand Conqueran
E ſon Auguſte Pairé.
Lou Flajollé, &c.

TROISIE'ME CHANSON.

ANnen tous lou veire à Verſailles
Dins ſon Bercëou,
Dieu que fay luzy lej muraillos
Commo un ſouleou,
Si danſez ſouleto
Lizetto,
Dis Charlo,
Dau clo clo de teis eſclo
Divertiras lou picho.

Non fau pas veire les Cascados
Dau beou Jardin
Que n'ayen fach millos combados.
Au Gran Dauphin,
Cependant lizeto.
Souleto
Dis Charlo
Dau clo clo de seis esclo
Divertira lou picho.

Grando & charmanto Marechallo
Pleno d'hounour
Que touto la Maison Rouyallo
Aimo d'amour,
Souffrez que Lizeto
Souleto
Dis Charlo
Dau clo clo de seis esclo
Divertissé lou picho.

CHANSON QUATRIESME.

PRend ton Tambour Charlo, ven eme jou
Per divertir l'Eroino
Dauphino
Qu'a fach un beou fiou.

Quand l'y feren veicy commo fau faire
Para pata pan
Lireto
A quo pau pas manqua de réjoüir la Mairé,
Para pata pan
Lireto
A quo pau pas manqua de réjoüir l'Enfan.

Tout en jugan deffus lou Tambourin
Veiras commen la Princeffo
Careffo
Son beou Poupelin.
Quand l'y feren veicy como fau faire,
Para pata pan, &c.

LA FRANCE A MONSEIGNEUR.

DAuphin digne de vos ayeux,
En vain pour vous former vous parcourez l'Hiftoire
Sans un pareil fecours nous lifons dans vos yeux
Quelle doit eftre voftre gloire;
Et fi Mars une fois r'appelle fes Guerriers
Vous irez dans fes champs moiffonner des Lauriers.

Vous de qui la valeur par le Ciel fut choifie
Pour abattre le Thrône & l'orgueil d'un Tyran,
L'on vous verra bien-toft au milieu de l'Afie
Relever nos Autels, renverfer l'Alcoran.

DIALOGUE ITALIEN DE LA GLOIRE, DE LA VICTOIRE, DE LA RENOMMÉE, ET DE LA RELIGION, *sur l'Auguste Naissance de Monseigneur le Duc de Bourgogne.*

GLORIA.

SIndori l'eltra, e da l'empirea molé
Splendino in trino aſpetto eterni lumi
edal ſol figlio al ſole, è nato il ſole.

VITTORIA.

Coſi, diviſio in fiumi
ſcé il mar da ſe ſteſſo, e torna al mare
é trionfate inſegne
ian faſcie al Regio Infanté.

RELIGIONE.

Ione la fede conſtante!
L'alma gli accendero di ſanto zelo
Ondé ſoṭt altro Cielo
Trovi ſpatio piu vaſto, é piu profondo,
Che troppo anguſto a ſi gran parto. é il mundo.

FAMA.

Io peregina alata
Indefessa nel volo,
Trarro, nuova si lieta e si beata
Da l'uno à l'altro polo.

GLORIA.

Heroina di Bellona
Prendi essempio, e sequi me,
Consacrando una corona
Degna sol del nuovo Ré.

FAMA.

Vna Compar ne voglio
Di meraviglie inusitate, e belle.

GLORIA.

Io di palme.

VITTORIA.

Io d'allori.

RELIGIONE.

Et Io d'estelle.

I. POPVLI INCATENATI.

Chara dea de lessere,
Che da l'artico Lido al mar d'Atlante
Porti del gran Luigi y gesti eterni

Gia, che a pié del ſuo trono,
La ſua rota inchiodo, cieca fortuna,
Gia, che la Francia aduna
Nel ſemideo nepote
Le ſperanze del mondo: Il braccio invitto.
Franga i barbari ferri,
Che ne opprimono il pié,
E ſia ſuddito il mondo a ſi gran Ré.

FAMA.

Feliciſſima liberta
Vi promette luigi undi,
Sperate ſi ſi
In chi tutto puo.
La Catena che vilego
Egli un giorno diſcio gliera
Foſco nembo di duol, pui non v'ingombre
Che doue appare il ſol fuggono l'ombre.

I. POPVLI.

O Giorno,
A Pieno
Sereno.

In cui verdeggia
La ſpeme Gallica
Per cui germoglia
Il giglio d'or d'eternitade inſeno.

D

FAMA.

Feliciſſima liberta
Vi promette luigi undi
Sperate ſi ſi
In chi tutto puo.
La catena che vi lego
Egli un giorno diſcio gliera
Foſco nembo di duol, piu non v'ingombre
Che doue appare il ſol, fuggone l'ombre.

I. POPVLI.

O Giorno,
A Pieno
Sereno.

LA GLOIRE ET LA RENOMMEE continüent.

ALlons voir ce Heros, dont les divins regards
Ont plus de Majeſté que les douze Ceſars,
Ce ROY Victorieux par ſa haute prudence
Dans ſes heureux Eſtats voit regner aujourd'huy
~~La Juſtice, la Paix, la Gloire, l'Abondance~~,
~~Dans ſes heureux Eſtats voit regner aujourd'huy~~
La Juſtice, la Paix, la Gloire, l'Abondance,
Et tout part de ſes ſoins, & tout regne par luy.

LA VICTOIRE seule, & ensuite tous ensemble reprennent : Que tout l'Univers retentisse, &c.

QUE tout l'Univers retentisse
Des loüanges qu'on doit au plus puissant des Roys.
Que toute la Terre s'unisse
Et mesle ses chants à nos voix,
Pour chanter de LOUIS l'amour & les exploits.

LA NYMPHE DE VERSAILLES.

SEjour plein de felicité,
Beau séjour de la Majesté,
Séjour où tout plaisir abonde.
Séjour le plus charmant du monde :
O ! cent fois trop heureux séjour
Pour qui tout l'Univers soûpire.
Séjour, où les plaisirs, les graces & l'amour
Ont tous établis leurs empires.

Chœur des Bergers de Versailles.

POur augmenter l'inquietude
Qui nous devore nuit & jour,
On a fait une Solitude
De nostre agreable Séjour.
Que nostre Sort est déplorable

De n'avoir plus dans nos beaux lieux
Ce que la terre trouve aimable
Et ce qu'on aime dans les Cieux.

FIN.

Permis d'imprimer. Fait ce 23 Novembre 168
Signé, DE LA REYNIE.

www.ingramcontent.com/pod-product-compliance
Lightning Source LLC
LaVergne TN
LVHW010019230826
846092LV00002B/905
* 9 7 8 2 0 1 9 6 7 4 9 9 1 *